NOTICE HISTORIQUE

SUR

M. RUFFIN.

Par M. Bianchi.

A PARIS,

A LA LIBRAIRIE ORIENTALE DE **DONDEY-DUPRÉ** Père et Fils,

IMP.-LIB. DE LA SOCIÉTÉ ASIATIQUE,

Rue Saint-Louis, Nº 46, au Marais, et rue Richelieu, Nº 67,
vis-à-vis la Bibliothèque du Roi.

M DCCC XXV.

EXTRAIT

Du JOURNAL ASIATIQUE, rédigé par MM. DE CHÉZY,—
COQUEBERT DE MONTBRET, — DEGÉRANDO, — FAURIEL, — GARCIN
DE TASSY, — GRANGERET DE LAGRANGE, — HASE,—KLAPROTH,—
RAOUL-ROCHETTE,—ABEL-RÉMUSAT,—SAINT-MARTIN,—SILVESTRE
DE SACY,—et autres Académiciens et Professeurs français et étrangers,

Et publié par la Société Asiatique.

Il paraît, par année, douze Cahiers de ce Recueil, qui forment deux
volumes in-8o.

Le Prix de l'Abonnement, pour l'année, est de 20 francs.

On ne peut souscrire pour moins de six mois ou d'un volume ; alors
l'Abonnement est de 12 fr.

Il faut ajouter pour le port,

Pour les Départemens.... 1 fr. 25 cent. par volume.
Pour l'Étranger......... 2 fr. 50 cent. *idem.*

On s'abonne à Paris, A LA LIBRAIRIE ORIENTALE DE

DONDEY-DUPRÉ PÈRE ET FILS, Imp.-Lib., Éditeurs-Propriétaires
du Journal Asiatique, rue St.-Louis, No 46, au Marais, et rue
Richelieu, No 67, où l'on peut se procurer le CATALOGUE DE
LANGUES ET LITTÉRATURE ORIENTALES ;
Et chez les principaux Libraires de la France et de l'Étranger.

IMPRIMERIE DE DONDEY-DUPRÉ,
Rue Saint-Louis, No 46, au Marais.

NOTICE HISTORIQUE

M. RUFFIN.

Le mois de janvier 1824 fut remarquable sur les bords de la Seine et sur les rives du Bosphore, par une double perte pour la littérature et la diplomatie de l'Orient. A peine quelques fleurs avaient-elles été jetées par ses nombreux amis sur la tombe d'un savant estimé de cette capitale (1), qu'une nouvelle mort est venue ajouter à nos regrets, en privant la France, dans ses rapports avec le Levant, de l'homme qui fut long-tems le mobile de sa politique, et dont le nom seul rappelle de nombreux services et la pratique des vertus les plus touchantes.

Ces derniers mots suffiraient presque pour indiquer que la perte que nous déplorons est celle du vénérable M. Ruffin, officier de l'ordre royal de la Légion-d'Honneur, chevalier de l'ordre de Saint-Michel, et des ordres du Croissant de Turquie, et du Soleil de

---

(1) Louis Langlès, le disciple et l'ami de M. Ruffin, mort à Paris, le 28 janvier 1824.

Perse, conseiller de l'ambassade de S. M. Très-Chrétienne à Constantinople, premier secrétaire-interprète du Roi pour les langues orientales, lecteur et professeur royal au collège de France, correspondant de l'Institut, et quatre fois chargé d'affaires près de la sublime Porte.

Pierre-Jean-Marie Ruffin, fils d'un Français, premier drogman du consulat de Salonique, naquit dans cette ville le 17 août 1742. Son père, fils d'un agent de change, né à Paris, était venu en 1712 dans le Levant, comme élève en langues orientales, et mourut à Salonique en qualité d'interprète du consulat, après avoir consacré au service, pendant trente-six ans, ses talens, et sa vie même ; car il reçut un jour une blessure mortelle, en défendant les intérêts des Français. Le jeune Ruffin fut envoyé à Paris en 1750, pour être placé en qualité d'élève-interprète au collège de Louis-le-Grand, où était établie et subsiste encore aujourd'hui l'école des Jeunes-de-Langues (1).

----

(1) L'école des interprètes, dite *des Jeunes-de-Langues*, a été fondée par Louis XIV, le 18 novembre 1669, sous le ministère de Colbert. Cette institution éminemment utile, protégée et encouragée sous les règnes suivans, dut sa conservation, pendant la terreur, aux notes et aux mémoires énergiques transmis par l'administrateur de l'école, à Chénier, l'un des membres des comités. Cet homme éclairé connaissait d'autant mieux les besoins de notre politique et de notre commerce dans le Levant, qu'il était né et avait été élevé en Turquie. L'Autriche possède depuis long-tems à Vienne un semblable établissement, destiné à fournir des sujets pour tous les degrés de la carrière diplomatique ; la Russie qui en a également reconnu la nécessité, vient d'en former un en 1822. Dans un tems où l'insurrection

Il en sortit en 1758, après avoir remporté sept fois les premiers prix dans le cours de ses brillantes études, et passa à Constantinople où il acheva de se perfectionner dans les langues orientales. Nommé, en 1767, par M. de Vergennes, drogman en Crimée, il accompagna en cette qualité le baron de Tott dans son exploration de la Nouvelle-Servie, où il s'agissait de soulever directement les Tartares, et de les diriger, de concert avec les Turcs, leurs alliés, contre les Russes, qui menaçaient déjà d'envahir la Pologne. L'année suivante, la Porte ayant déclaré la guerre à la Russie, M. Ruffin fit, en qualité de consul, à la suite du khan de Crimée, Krim-Gueraï (1), deux campagnes aussi fatigantes que périlleuses. Vers la fin de la seconde, une horrible dyssenterie s'étant manifestée dans l'armée, il eut à la fois le malheur d'en être atteint, et celui de tomber au pouvoir des Russes. Dans cette circonstance, il courut le plus grand danger : un Cosaque, à Yassy, trompé par le costume turc que portait M. Ruffin, et le prenant pour un musulman, fut sur le point de lui ôter la vie. D'après son état de faiblesse et l'ignorance de la

---

des Grecs va rendre l'emploi des drogmans de cette nation plus difficile en Turquie, l'école d'interprètes nationaux que possède la France depuis tant d'années, qui s'honore d'avoir produit M. Ruffin et d'autres sujets distingués, mérite plus que jamais d'exciter l'intérêt et toute la sollicitude du gouvernement.

(1) Tout ce qui a été dit par le baron de Tott des belles qualités du prince tartare, se trouve confirmé par l'opinion de M. Ruffin, qui n'en parlait jamais qu'avec une sorte d'admiration.

langue russe, qui le mettaient dans l'impossibilité de se défendre ou de s'expliquer, il aurait infailliblement péri, s'il ne fût parvenu à se faire reconnaître pour chrétien, en faisant, en présence de son adversaire, le signe sacré de notre religion. Échappé presque miraculeusement à la mort, il n'en fut pas moins conduit dans la citadelle de Saint-Pétersbourg, où, durant une année entière, et malgré son titre de Français et de consul, il fut traité comme prisonnier de guerre et d'état. Réclamé enfin itérativement par M. le duc de Choiseul, le gouvernement russe le fit conduire sous escorte jusqu'à la frontière de Courlande, où on lui lut, en le mettant en liberté, une sentence qui le condamnait à un bannissement perpétuel des états moscovites. Cependant sa longue absence, et l'impossibilité où il s'était trouvé de pouvoir donner de ses nouvelles, avaient fait croire au bruit de sa mort. Parvenu à Hambourg, le consul de France, auquel il se présenta, le prit d'abord pour un intrigant qui usurpait un nom qui n'était pas le sien ; et ce ne fut qu'après avoir envoyé ses lettres et son signalement en France, que M. Ruffin parvint à se faire reconnaître. De retour à Paris, en 1770, le roi lui accorda, à titre honorifique, une pension de 600 fr., sans préjudice des places qu'il pourrait remplir. Il ne s'arrêta qu'un an dans cette capitale, et se rendit ensuite à Constantinople, toujours revêtu du titre de consul général de Crimée, mais remplissant en réalité les fonctions, aussi importantes que difficiles, de premier drogman de France auprès de la Porte-Ottomane (1).

M. le comte de Saint-Priest, alors ambassadeur, lui confia toutes les négociations dont l'avait chargé la cour de Versailles. M. Ruffin était déjà connu avantageusement à Constantinople; mais les circonstances de la guerre, et surtout celles de sa détention en Russie, achevèrent de le mettre en faveur auprès du ministère ottoman : aussi les intérêts du roi et ceux du commerce se ressentirent bientôt de la considération que les Turcs avaient personnellement pour lui, et de la confiance qu'il leur inspirait. C'est ce que prouve le succès de toutes les missions qui lui furent confiées à cette époque, et qui sont consignées dans la correspondance de l'ambassade.

En 1774, M. Ruffin, déterminé à finir sa carrière dans le Levant, venait d'épouser à Constantinople une demoiselle Stéphanelli, issue d'une ancienne famille vénitienne, lorsqu'une dépêche du ministre de la marine le rappela en survivance de deux secrétaires-

---

(1) La réponse suivante de M. le comte de Saint-Priest, prouve en même tems l'importance du premier drogman à Constantinople, et la générosité et l'élévation d'ame de ce ministre. Cet ambassadeur, interrogé à son retour de Turquie par M. le maréchal de Castries, sur les fonctions positives du premier interprète de la légation, répondit : « Monsieur le maréchal, le roi peut envoyer à Constantinople l'am— » bassadeur le plus habile, le plus consommé en diplomatie, en négo- » ciations : celui-ci ne peut être et ne sera jamais que le premier secré- » taire du premier drogman. »

Cette réflexion peut également, et avec autant de justice, s'appliquer aux premiers interprètes dans les Échelles du Levant et de la Barbarie.

interprètes du roi en langues orientales. Il s'agissait du service public que ses deux confrères, MM. Legrand et Cardonne, infirmes, et déjà avancés en âge, pouvaient laisser en souffrance. M. Ruffin n'hésita pas à s'embarquer de suite pour Marseille. Depuis cet instant, il n'a cessé de remplir à Paris et à Versailles les fonctions de secrétaire-interprète du roi, et fut chargé en cette qualité, jusqu'à l'époque de la révolution, de toute la correspondance orientale avec la Turquie, les états barbaresques, les puissances de l'Inde, et de la conduite des ministres publics que le pacha de Tripoli, le beï de Tunis et l'empereur de Maroc envoyèrent tour-à-tour en France. Nous rappellerons entr'autres missions (1) celle d'un envoyé de ce dernier, en 1778, que M. Ruffin regardait lui-même comme le despote africain le plus bizarre et le plus absolu de tous ceux qui avaient jusqu'alors désolé ces malheureuses contrées. Son agent s'étant tout-à-coup présenté à Marseille avec les instructions les plus alarmantes pour le commerce français, M. Ruffin, envoyé au-devant de lui, négocia si habilement, que les prétentions accumulées du Maroquin se réduisirent insensiblement à un renouvellement de traité plus favorable aux Français que celui qui avait existé jusqu'alors. En 1784, M. Ruffin fut en outre nommé professeur de turc et de persan au collége royal de France. Ces places étaient plutôt un hommage rendu à ses talens qu'un accroissement de fortune ; car les

---

(1) Le gouvernement lui confia la conduite des envoyés de Tripoli de Barbarie en 1775, de Tunis en 1776, de Maroc en 1777 et 1778.

émolumens qui y étaient attachés se trouvaient absor-
bés par les voyages qu'il était obligé de faire de Versailles pour venir régulièrement trois fois par semaine
donner ses leçons à Paris. Cette chaire lui a été conservée jusqu'en 1822. On doit également considérer
comme un second hommage rendu à la profondeur
de ses connaissances dans les langues orientales, la
commission d'interprète de la bibliothèque du Roi,
qu'il avait à la même époque, et dont le traitement
était d'une extrême modicité.

Chargé, en 1788, des négociations avec les trois
ambassadeurs de Tipou-Sahib, son inaltérable patience
fut plus d'une fois mise à de pénibles épreuves. Il n'y
eut point de difficultés que l'orgueil, les prétentions
outrées, et plus encore le caractère ombrageux et sus-
ceptible des trois Indiens ne lui opposassent; mais
enfin son habileté triompha, et son esprit conciliant
eut le bonheur de tout terminer à la satisfaction des
parties. Il nous a souvent raconté quelle fut son inquiétude extrême le jour fixé pour l'audience de ces
ambassadeurs. La cour était assemblée, et tout Versailles était sur pied pour les voir arriver de Paris,
quand il reçut un message de leur part, lui annonçant
qu'ils ne voulaient plus venir. Qu'on juge du trouble
et de l'anxiété de M. Ruffin en apprenant une détermi-
nation aussi bizarre qu'imprévue, et dont toutes les
conséquences désagréables ne pouvaient que retomber
sur lui. Désespéré de ce contre-tems, il monte à che-
val, et prend en toute hâte la route de Paris. On
laisse à penser s'il fut agréablement surpris en aper-

cevant sur l'avenue les ambassadeurs qui se rendaient enfin à l'audience : ces messieurs avaient fort heureusement changé une seconde fois de résolution. Interrogés plus tard sur le motif de leur hésitation, ils répondirent que des personnes mal intentionnées leur avaient donné à entendre qu'en allant au château, ils seraient soumis à un cérémonial aussi humiliant pour eux qu'outrageant pour le sultan leur maître.

Témoin de la conduite de M. Ruffin, pendant le séjour des ambassadeurs, M. de la Luzerne, alors ministre, se fit, en juste appréciateur du mérite, rendre compte de ses services passés, ainsi que de ceux de son père, et imagina à son insu un moyen de le récompenser, en demandant pour lui le cordon de Saint-Michel. Non-seulement cette décoration lui fut accordée, mais le roi daigna de plus conférer à M. Ruffin des lettres de noblesse, dont le ministère de la marine paya les frais d'expédition, montant à une somme de 7,000 francs.

A cette même époque, M. Ruffin était aussi principal commis du bureau des consulats; M. Sabatier de Cabre, chef distingué de cette division, le regardait comme *le premier homme de son art*, et le ministre lui-même, qui le considérait comme le *consultant* le plus essentiel dans tout ce qui avait rapport au Levant, déférait souvent à son avis sur les affaires de ces contrées.

Après un séjour de quinze ans à la cour de Versailles, la révolution vint, en 1789, arracher M. Ruffin à toutes les jouissances d'une position aussi honorable que pleine d'agrément. En ces tems malheureux, sa piété ardente et son attachement à la cause de nos rois l'exposèrent aux fureurs des chefs de l'anarchie. Destitué de ses places, inquiété pendant quelques mois, il n'échappa que par miracle à la hache des bourreaux.

En 1793, sur la demande du chargé d'affaires de France en Turquie (Descorches, marquis de Sainte-Croix), le ministre proposa à M. Ruffin de revenir à Constantinople, avec tel caractère et tel traitement qu'il désirerait; mais celui-ci, non moins désintéressé que peu jaloux des dignités de cette triste époque, aurait voulu s'y soustraire. Réfléchissant cependant aux besoins pressans que ses compatriotes dans le Levant avaient de ses services, empressé en outre de trouver un motif plausible de s'éloigner de sa patrie en deuil de ses princes, il ne fit aucune condition, ne voulut d'aucun titre, et accepta purement et simplement une mission dont les circonstances suspendirent l'exécution jusqu'à l'année suivante.

Cependant, le gouvernement, sans avoir été provoqué par aucune demande ou réclamation personnelle de M. Ruffin , prenant à considération son âge avancé, sa nombreuse famille, son déplacement après un séjour de quinze ans en France, et le double de travail qui l'attendait à Constantinople, jugea à propos de l'assimiler, quant aux appointemens, au consul général de Smyrne, dont les fonctions exigeaient bien moins de travail et présentaient plus d'agrément. Un traitement de 20,000 francs lui fut alloué avec le titre de secrétaire de la légation, remplissant les fonctions de premier interprète.

En se conformant, en octobre 1794, aux vues du gouvernement, M. Ruffin, alors dans sa cinquante-troisième année, déclara qu'il se chargeait volontiers de la correspondance orientale; mais, que vu son âge et ses infirmités qui ne lui permettaient plus de faire les longues courses qu'exigeaient les négociations orales à la Porte (excepté pour les cas extraordinaires), il demandait qu'on lui donnât un adjoint qui serait chargé des affaires courantes. Le service ne pouvait que gagner à cette mesure, puisque cette adjonction formerait son successeur.

Entr'autres objets importans à traiter avec le ministère ottoman, M. Ruffin fit dès-lors entrevoir au gouvernement l'avantage de l'introduction du pavillon français dans la mer Noire, projet contre lequel toutes les négociations des ambassades précédentes avaient échoué, et dont nous devons aujourd'hui l'exécution à la sagesse et à la persévérance de ses conseils (1).

« Cette branche du commerce du Levant devait, » selon lui, doubler les importations et les exporta-

---

(1) Ce droit a été définitivement assuré à la France par le traité conclu et signé à Paris en 1802, par Seïd-Galib-Effendi, ministre plénipotentiaire de la Porte-Ottomane. Suivant ce même traité, la France et la Turquie s'accordent réciproquement tous les avantages qui auraient déjà été concédés, ou *qui le seraient dans la suite à d'autres puissances*, d'une manière aussi positive que s'ils étaient stipulés dans le traité même.

» tions, élever notre navigation régulière à six cents
» navires marchands, et notre cabotage à un pareil
» nombre, répandre dans nos départemens du midi
» tous les grains de la Pologne et les riches produits
» de l'Ukraine, et approvisionner l'arsenal de Toulon
» des plus belles mâtures et des bois de construction
» de toute espèce de la Lithuanie et de la Moldavie. »
Si, malgré notre admission dans la mer Noire, des
circonstances fortuites nous ont privé d'une partie de
ces avantages, nous ne pouvons disconvenir que la facilité d'y naviguer, que nous avons conservée pendant
la dernière guerre avec l'Angleterre, a souvent été
pour notre commerce et notre marine un dédomma-
gement des pertes qu'ils éprouvaient ailleurs.

Sur le point de partir, M. Ruffin obtint du gouvernement que son gendre et sa fille, Mme Lesseps,
élevée à Constantinople, l'accompagnassent dans cette
capitale. « Quiconque connaît, disait-il, la tactique
» des affaires en Turquie, conviendra qu'il n'en existe
» aucune qui ne soit préliminairement élaborée dans
» les harems. Les femmes peuvent seules y pénétrer,
» et c'est à leur douce et secrète influence que presque
» tout négociateur est redevable de ses succès. Il peut
» s'en attribuer exclusivement la gloire, le préjugé
» religieux lui est garant de la discrétion de ses coo-
» pératrices. »

Tels étaient les motifs honorables qui déterminèrent un père de famille, déjà avancé en âge, à s'éloigner de la France suivi de tous les siens, pour aller
s'exposer à de nouveaux dangers, et consacrer, comme

il a fait depuis, les restes de son existence au service de son pays.

Pendant les trois années suivantes, M. Ruffin ne discontinua point de remplir à Constantinople les fonctions qui lui avaient été confiées, et dont il conserva les titres sous les envoyés extraordinaires Descorches, Verninac, et le général Aubert du Bayet. Ce fut en 1796, sous l'ambassade de ce dernier, que M. Ruffin, qui depuis son entrée dans la carrière des interprètes, avait toujours vu la religion placée en première ligne, détermina le général à réclamer de la Porte la restitution de l'église Saint-Benoît à Galata. La propriété de cette maison religieuse avait été, pendant la première coalition, en 1793, contestée aux Français par les Latins du pays, et séquestrée par le gouvernement turc entre les mains du vaïvode ou commissaire de Galata jusqu'à la reconnaissance de la république. D'après les conseils de M. Ruffin, l'ambassadeur réclama et en obtint la restitution. Dès-lors, la France fut de nouveau reconnue puissance protectrice de cet établissement et de tous ceux du rit catholique, situés dans les états du Grand-Seigneur. Ce fut aussi vers cette même époque, c'est à-dire, le 8 février 1796, que le mérite et les talens de M. Ruffin le firent admettre à l'Institut en qualité de correspondant. La mort de l'ambassadeur, en novembre 1797, plaça, pour la première fois, M. Ruffin à la tête de la légation française, en qualité de chef provisoire, jusqu'à l'arrivée à Constantinople du général Carra Saint-Cyr. La sagesse, la prudence et la fermeté qu'il montra dans cette circonstance lui méritèrent non-seulement les plus grands éloges de son successeur, mais le gouvernement donna bientôt une preuve éclatante de la confiance que lui avait inspirée M. Ruffin, en le nommant, en janvier 1798, son chargé d'affaires auprès de la sublime Porte.

Cependant, quelque honorable et flatteur que fût pour lui le titre de chef de la nation, M. Ruffin ne put, dès ce moment, se dissimuler les embarras et les dangers de sa nouvelle position. Déjà l'horizon politique des Français dans le Levant se couvrait d'épais nuages ; des bruits sourds d'une expédition contre l'Égypte, en se propageant, avaient jeté les premières alarmes dans la capitale et les provinces. Le peuple murmurait à la seule idée que la terre révérée des deux villes sacrées, la Mecque et Médine, pût tomber au pouvoir des infidèles. Les Français en Turquie avaient tout à craindre du ressentiment des Turcs, tant pour leurs biens que pour leurs personnes. Dans cet état d'anxiété, pour leur assurer une protection en cas de malheur, M. Ruffin crut devoir prendre des mesures de précaution avec les ministres batave et prussien. Le 25 juin, une partie des papiers de l'ambassade furent provisoirement déposés dans la chancellerie hollandaise. Jamais ministre européen en Turquie ne s'est trouvé dans une situation plus critique que M. Ruffin. Surveillé par les Turcs, épié dans tous ses mouvemens par les ambassadeurs étrangers, lié par le secret, les soupçons manifestés depuis long-tems par les habitans musulmans en Morée, en

Macédoine, à la Canée et à Smyrne ne lui laissaient
aucun repos ; il devait surtout redouter le moment de
l'explosion, qui ne pouvait être que terrible. Donner
des avis aux négocians dans les Échelles eût été im-
prudent. Encore moins convenait-il de prévenir les
consuls, qui tous peut-être n'auraient pas été les
maîtres de concentrer leurs craintes. Sa position lui
faisait aussi un devoir de ménager le corps diplomatique. Dans une conférence avec le premier secrétaire
de la légation autrichienne, il lui fit sentir qu'il était
en droit d'attendre tout des bons offices de M. l'internonce, le baron de Herberg, puisqu'en 1788, lors
de la déclaration de guerre de Joseph II, ce ministre
dut à la protection de l'ambassade de France la permission de partir avec tous les siens de Constantinople, au lieu d'être, suivant l'usage, emprisonné au
château des Sept-Tours (1). Au reste, M. Ruffin
n'avait d'inquiétude que pour tout ce qui l'entourait :
« Je n'ai jamais été en peine de ma personne, écri-
» vait-il au gouvernement ; je trouve dans mon habi-
» tude de souffrir pour mon pays des motifs de rési-
» gnation, et j'ose dire de consolation intérieure ;

---

(1) Ce fut le prince Victor de Rohan, commandant une frégate du
roi, qui prit ce ministre à son bord et le conduisit à Trieste. Au départ du baron de Herberg, M. Cousinery, consul-général de France
à Salonique, reçut de cet internonce un mémoire de plus de quarante
articles, par lequel il était autorisé à protéger le départ du consul autri-
chien de Salonique, et ensuite tous les sujets de Sa Majesté Impériale
de toute condition, que les hasards ou le sort de la guerre pourraient
conduire dans cette partie de l'empire ottoman.

» toutes mes sollicitudes, et elles sont très-vraies, ne
» portent que sur tant de mes concitoyens que je ne
» puis ni défendre ni protéger comme je le désire-
» rais. » Néanmoins, par suite de ses démarches, des
mesures furent prises par quelques grands de la
Porte, et les ministres de Hollande et d'Autriche,
pour assurer la protection des maisons religieuses.
Des commissaires du gouvernement ottoman furent
également envoyés dans les Échelles pour contenir
l'effervescence du peuple. Tel était encore dans ces
circonstances difficiles le crédit de M. Ruffin à Constantinople, qu'il obtint la destitution du mollah de
Smyrne, et la nomination et la prompte expédition
à la place de ce dernier, d'un juge mieux disposé en
faveur des Français. Jusque-là on espérait, d'après
les propres paroles du prince Ypsilanti, drogman de
la Porte, que tout ce qui pourrait arriver de pire au
chargé d'affaires de France en cas de rupture, serait
d'être congédié, extrémité même à laquelle les Turcs
se porteraient à regret, attendu l'estime qu'il avait
généralement inspirée au divan.

Les ravages du fléau dévastateur, si fréquens dans
ces contrées, vinrent encore ajouter aux tourmens
des Français. Plusieurs de ces derniers périrent de
la peste. Cependant l'orage allait toujours en grossis-
sant ; déjà le pavillon de France avait été abattu dans
plusieurs échelles, et il avait été fait publiquement
lecture aux Dardanelles d'un firman qui ordonnait de
tirer sur les bâtimens français qui se présenteraient
pour franchir le détroit. Dans une conférence qui eut

lieu le 6 août, il fut officiellement signifié à M. Ruffin et autres Français de rester à l'avenir chez eux.
On lui intima personnellement de ne plus communi-
quer directement avec la Porte jusqu'à nouvel ordre,
et de retirer dans l'intérieur et hors de la vue du
peuple, l'écusson qui était à l'entrée du palais de
France. Tout en prescrivant ces mesures rigoureuses,
la sublime Porte observait qu'elles n'étaient que pro-
visoires, et qu'elle ne les prenait que par précaution
et pour la sûreté même des Français. Elle attendait
toujours l'arrivée du nouveau négociateur qu'on lui
avait annoncé de Paris, et qu'elle se proposait de bien
accueillir. Ces bonnes dispositions du ministère ottoman avaient encore été accrues par la conduite des
Français qui, maîtres de Malte, avaient mis en liberté
tous les esclaves musulmans qui s'étaient trouvés dans
cette île. Malheureusement la nouvelle de la destruction
de la flotte, sous les ordres de l'amiral Brueys, et celle
de la marche de nos troupes vers la capitale d'Égypte,
détruisirent les restes de notre influence à la Porte, et
achevèrent d'exaspérer le peuple. Deux incendies suc-
cessifs avaient déjà signalé son mécontentement, lorsque, dans un troisième, qui eut lieu le 30 août, une
femme turque, dont la maison venait de brûler, aborda
le sultan Sélim et lui reprocha publiquement son malheur. Elle l'attribua à la lenteur que le Grand-Seigneur
mettait à se déclarer contre les infidèles qui venaient
de s'emparer des contrées voisines de la Mecque, et à
sa fausse politique qui le portait à continuer la guerre
qu'il faisait aux musulmans (voulant parler de celle

qui avait lieu contre Pasvan-Oglou). Le lendemain de cet incendie, le sultan déposa le mufti, qui fut relégué à Castamboul , destitua et exila le grand-vizir , ainsi que plusieurs des principaux membres du divan. Le reïs-effendi fit appeler M. Dantan (1), interprète de la légation française , et le prévint, d'un air riant et avec tous les dehors de l'affabilité, qu'il serait probablement dans le cas, le 1er ou le 2 septembre, de faire inviter le chargé d'affaires à une audience à la Porte pour lui remettre des lettres venues à son adresse, de Paris, sous le pli d'Ali-Effendi ; qu'à la vérité il l'avertissait que cette remise se ferait avec quelques démonstrations d'humeur, devenues indispensables, mais qui n'étaient au fond que de vains simulacres. Par suite de cette communication, le 2 , vers deux heures après midi, le prince Ypsilanti écrivit officiellement à M. Ruffin de se rendre à la Porte. Ce dernier, qui s'était depuis long-tems préparé à cette catastrophe ,

---

(1) M. Joseph Dantan, l'un des interprètes les plus instruits du drogmanat français , fit, dans ces circonstances, preuve d'un rare dévouement. Les dangers qu'il courut furent tels, que les ministres de la Porte engagèrent M. Ruffin à ne pas l'exposer davantage au ressentiment de quelques musulmans qui voulaient attenter à ses jours, et dont M. Dantan avait jusqu'alors, pour le bien du service, bravé la fureur fanatique. Cet interprète, fils d'un drogman qui servit la France pendant cinquante ans, se distinguait surtout par une connaissance approfondie des lois musulmanes, et par la pratique des langues arabe et turque, qu'il parlait avec autant de facilité et d'élégance que les naturels mêmes. M. Joseph Dantan, mort à Constantinople le 2 juin 1813, a laissé dans la carrière trois fils qui promettent à l'état des serviteurs aussi fidèles que distingués.

se mit de suite en marche en dissimulant tout à sa famille. Il se vit forcé d'abandonner son épouse, dangereusement malade, et sa fille dans le cinquième mois de sa grossesse.

Malgré les insinuations qui avaient été faites à M. Ruffin de se faire accompagner par le plus de monde possible, il ne prit avec lui que MM. Kieffer et Dantan, qui, informés de tout ce qui se passait, ne voulurent pas le quitter. Son gendre même, malgré ses instances, ne put obtenir de lui la faveur de le suivre. M. Ruffin voulait, autant que possible, diminuer le nombre des Français qui allaient partager la captivité de leur chef. La légation, ainsi réduite à trois personnes, escortée d'un janissaire, et suivie d'un seul domestique, se rendit à l'audience. En traversant le port, M. Ruffin vit le toptchi-bachi sous les armes, avec sa troupe en grande tenue, et prévit alors les mesures sévères que le divan allait prendre contre les Français.

Parvenue à sa destination, la légation fut reçue par le drogman de la Porte, dont la contenance, ainsi que celle des personnes qui l'accompagnaient, annonçaient l'hésitation et l'embarras. La conversation roula d'abord sur le combat d'Aboukir et la destruction de la flotte française. Pendant cet entretien, le prince Ypsilanti avait été à plusieurs reprises appelé hors de l'appartement; enfin, après bien des allées et des venues et des circonlocutions qui décelaient ses perplexités, il s'approcha de M. Ruffin et lui annonça qu'on allait le conduire aux Sept-Tours. « Je m'y atten-

dais, » lui répondit avec calme et fermeté le chargé
d'affaires ; et continuant sur le même ton : « Je vous
» prends à témoin, dit-il, de la vérité qui a toujours.
» caractérisé ma conduite et mon langage, de la sé-
» curité avec laquelle j'ai envisagé ma position, et de
» la sollicitude que je n'ai cessé de manifester sur le
» sort de mes concitoyens disséminés dans les diverses
» échelles, poussant jusqu'à l'importunité mes ins-
» tances auprès de la Porte, sur l'obligation où elle
» était de protéger leurs personnes et leurs propriétés,
» et sur les sages précautions qu'elle devait prendre
» à cette fin. Mon dernier mot, avant de franchir le
» seuil de la prison qui m'attend, est encore une re-
» commandation pour ce seul objet essentiel à mon
» cœur. » Le sang-froid de M. Ruffin et le ton noble
et ferme avec lequel il prononça ces dernières paroles
frappèrent d'étonnement le drogman de la Porte. Ce
prince s'empressa de lui renouveler l'assurance de ses
bonnes dispositions personnelles à l'égard des Français.

Introduite ensuite chez le reïs-effendi, au milieu
d'une foule immense, la légation française y trouva
les principaux membres du divan déjà rassemblés.
M. Ruffin et les personnes qui l'accompagnaient furent
reçus avec les honneurs ordinaires. Après qu'on leur
eut servi le café, le reïs-effendi, prenant gravement
la parole, prononça un discours adressé à M. Ruffin,
dans lequel il rappela d'abord les torts de la France,
qui avait rompu en pleine paix et envahi les états du
grand-seigneur. Il annonça ensuite au chargé d'affaires

qu'il allait être conduit aux Sept-Tours, où il serait
gardé en otage, jusqu'à ce que le vaisseau-amiral turc
qui avait été désarmé à Alexandrie fût restitué avec
son équipage et son artillerie, que l'Égypte fût rentrée
sous le pouvoir de la sublime Porte, et qu'Ali-Effendi,
ambassadeur du grand-seigneur à Paris, fût de retour
avec toute sa suite (1). Un bruit confus de voix qui
s'éleva immédiatement dans toutes les parties de la
salle, ne permit pas au chargé d'affaires de répondre.
Tout ce qui avait précédé l'avertissait suffisamment
que ses paroles seraient inutiles. D'ailleurs il fut presqu'aussitôt requis de suivre le grand-maître des céré-
monies. Trois chevaux de louage attendaient à la
porte. M. Ruffin voulait d'abord refuser celui qui lui
était destiné ; mais, songeant ensuite à l'espace considé-
rable qu'il avait à parcourir, il consentit à accepter cette
modeste monture, et se mit en route avec MM. Kieffer
et Danfan, les fidèles compagnons de sa disgrâce.

La légation, escortée par plus de trois cents hommes,
à la tête desquels se trouvait l'assas-bachi, lieutenant
de police, l'un des principaux chefs des janissaires, et
de plusieurs autres officiers de ce corps, traversa une

____

(1) La France, avant l'expédition d'Égypte, n'ayant jamais été
en guerre déclarée avec la Porte ottomane, M. Ruffin se trouva être
le premier ministre français soumis à la détention des Sept-Tours.
Avant lui, cet usage barbare, mais immémorial, et consacré par les
violations antérieures, avait entr'autres été appliqué aux envoyés de
Russie Obrescow et Bulgacow, enfermés successivement, l'un en octobre 1768, et l'autre en août 1787. Les représentations des cours
étrangères, et surtout les réclamations de la France, paraissent avoir
enfin déterminé les Turcs à abandonner cette honteuse coutume.

grande partie de la ville. Depuis le palais vizirial
jusqu'aux Sept-Tours, une foule immense occupait
les rues, les boutiques et les croisées, sans se per-
mettre ni cris, ni mouvemens d'approbation. On remarquait même dans les regards et la contenance des
spectateurs un certain air d'intérêt. Une femme turque,
ayant élevé la voix en faveur des Français, fut sévère-
ment rappelée à l'ordre par les janissaires de l'escorte.

Arrivés aux Sept-Tours, les portes fatales s'ouvri-
rent et se refermèrent aussitôt sur les prisonniers et
quelques-uns des officiers qui les avaient suivis. Ici,
chose fort singulière, l'ignorance de ses gardiens
mit le prisonnier dans la nécessité de dresser lui-
même le procès-verbal de son emprisonnement. Le
chargé d'affaires et ses deux compagnons d'infortune
furent ensuite conduits au lieu de leur détention. Dans
cette enceinte particulière se trouve un corps-de-garde,
un petit jardin, un corps de cuisine et la maison du commandant (1). C'est dans une aile séparée, consistant
en deux étages et quatre chambres en tout, que la
légation fut reléguée. La position des détenus était
des plus pénibles. M. Ruffin couchait, lui quatrième,
dans sa chambre ; et même, pendant quelque tems,
faute d'une permission du gouvernement, la prome-
nade du petit jardin lui fut interdite. Au reste, les
prisonniers n'eurent qu'à se louer de l'accueil du commandant, et des procédés des officiers du château. Le
lendemain de son arrivée aux Sept-Tours, M. Ruffin

______

(1) Voyez le plan de Constantinople, par M. Barbier du Bocage,
pour l'ouvrage de M. Melling.

reçut des lettres ouvertes de sa famille, et apprit de plusieurs Français qui vinrent partager sa captivité les mesures de rigueur qui avaient été employées contre toute la nation. Il dut dès-lors se convaincre que les murs de sa triste prison lui dérobaient la connaissance d'une grande partie de ses malheurs, que la malveillance était générale, et ne lui laissait d'autres ressources que le silence et la résignation. Les premiers mois de sa réclusion se passèrent dans un délaissement universel. Excepté M. de Bouligni, l'envoyé d'Espagne, et le ministre batave, qui, dans ces tristes conjonctures, ne cessèrent jamais de s'occuper avec autant de zèle que de sollicitude des intérêts des Français, tous ceux sur lesquels il semblait devoir compter l'avaient abandonné (1). La Porte même, à un modique taïn (2) près, que M. Ruffin n'accepta que pour ses compagnons d'infortune, ne fit rien pour adoucir sa position. Tout lui manquait dans ce triste séjour ; il fut obligé de faire venir ses meubles et jusqu'aux objets de première nécessité, de Péra, et, chose qu'on aura de la peine à comprendre, le prisonnier fut souvent forcé de payer ses geoliers et de pourvoir à leur subsistance. Heureusement que le gou-,

---

(1) Après la paix de 1802, le ministre d'Espagne, se trouvant à Paris, reçut du premier consul, comme un témoignage de la reconnaissance du gouvernement, une superbe vaisselle en vermeil.

(2) Espèce de traitement alimentaire que la Porte était dans l'usage de payer aux ambassadeurs pendant les premiers mois de leur arrivée à Constantinople, ou de leur détention aux Sept-Tours. Celui qui fut alloué à M. Ruffin durant sa captivité, était de dix piastres par jour.

vernement français vint, par l'entremise de M. de
Bouligni, au secours de tous ses agens, civils, mili-
taires et autres en Turquie. Que n'eut point à soüffrir
la sensibilité de M. Ruffin, en apprenant plus tard
tout ce qui se passait au-dehors! Immédiatement après
la publication du manifeste de la Porte, du 2 septembre 1798, les malheureux Français, au nombre
d'environ deux cents, arrachés à leurs épouses, à
leurs enfans, et dépouillés de tout ce qu'ils possé-
daient, avaient été enfermés provisoirement au palais
de France. Sur tous les points de l'empire, leurs
propriétés , leurs marchandises et leurs créances
furent ou saisies ou mises en séquestre. Un horrible
incendie, en consumant la plus grande partie du
faubourg de Péra, vint encore ajouter à leur malheur.
Dans cette circonstance, les palais de France et d'Angleterre, long-tems exposés aux flammes, ne durent
leur salut qu'au dévouement et au courage des prisonniers français. Ces derniers, oubliant les dangers
qui les menaçaient eux-mêmes, ne profitèrent du désordre général que pour travailler avec autant de zèle
que de générosité à arrêter les progrès du feu. Pour-
quoi faut-il qu'un ambassadeur européen, qui, le lendemain de l'incendie, leur adressa des remercîmens,
n'ait pu soustraire dans la suite à des tourmens affreux
des hommes qui avaient tant de droits à son estime et
à son admiration! Le 3 novembre 1798, laplupart
des prisonniers furent enlevés du palais de France et
des Sept-Tours, pour être transférés dans les châteaux asiatiques de la mer Noire, Samsoun, Kerassou,

Amassia et Synop. D'autres, jetés, couverts de chaînes, dans le bagne de Constantinople, se virent confondus avec les plus vils malfaiteurs, et livrés à des travaux aussi pénibles qu'humilians. Bientôt de nouveaux captifs, pris à bord d'un brick parti d'Alexandrie, auxquels on joignit les garnisons françaises de Ste.-Maure, de Céphalonie et de Zanthe, portèrent à plus de douze cents le nombre des infortunés de toute classe, de tout sexe, de tout âge, entassés dans ce séjour de misère et de douleur. Les rigueurs de l'hiver, les privations, les maladies et les mauvais traitemens en moissonnèrent au-delà de quatre cents. Au milieu de tous ces désastres, la santé de M. Ruffin ne tarda pas à éprouver les plus fortes atteintes. Le travail extraordinaire, la tension d'esprit et le serrement de cœur qui avaient précédé sa captivité, le défaut d'exercice qui l'avait suivie, l'espèce de surveillance qu'il était obligé d'exercer, dans sa prison même, où se trouvaient rassemblées au hasard des personnes de caractère, d'âge et d'état divers, aigries par le malheur, et auxquelles il ne pouvait offrir que l'exemple de sa noble résignation ; toutes ces causes réunies eurent bientôt provoqué chez lui des symptômes scorbutiques. Déjà, faute des soins nécessaires, l'adjudant-général Rose était mort victime de cette maladie (1). Celle de M. Ruffin prenant un caractère

---

(1) Voyez, sur cet officier supérieur, le premier volume de la *Régénération de la Grèce*, par M. Pouqueville, pages 115 et 126. — Paris, 1824.

alarmant, le gouvernement turc, qui avait long-tems refusé la permission de le transporter dans une prison plus saine, et loin des bords de la mer, après dix-huit mois de sollicitations et de prières, consentit enfin à ce que Mme Ruffin vînt avec quelques personnes habiter le château des Sept-Tours, pour surveiller la maladie de son mari. Dès ce moment, le prisonnier, rendu aux soins affectueux d'une épouse et aux caresses de ses enfans, goûta les douceurs d'un repos qui lui était inconnu depuis vingt-deux mois. Ces consolations inespérées eurent bientôt amélioré sa santé.

Depuis le commencement de la guerre, des négociations avaient été ouvertes pour l'échange réciproque des légations ; mais la Porte ne trouvant pas, dans les arrangemens proposés, les mêmes avantages que la France, elles restèrent sans exécution. Ainsi M. Ruffin dut renoncer jusqu'à la paix à tout espoir de liberté. La société de quelques amis, la lecture des anciens et ses études favorites sur les langues, la littérature et les mœurs de l'Orient, adoucirent souvent sa longue et cruelle captivité. Pendant sa durée, il ne cessa d'édifier ses compagnons d'infortune par sa résignation et son courage sans ostentation. Par l'aménité de ses manières, sa mise toujours soignée, une politesse exquise qu'il tenait de l'ancienne cour, et cette noble sérénité qui imprimait à son front le vrai caractère de la vertu, il pénétrait d'amour et de vénération quiconque pouvait l'approcher.

Cependant, l'heure de sa délivrance n'était pas éloignée ; l'évacuation de l'Égypte ne laissant subsister aucun prétexte d'hostilité entre la France et la Porte-Ottomane, les Français détenus dans l'empire furent remis en liberté ; les deux puissances s'occupèrent du rétablissement de leurs anciens rapports , et le *statu quo ante bellum* devint la base d'un traité provisoire, en attendant la conclusion de la paix. Déjà la Porte avait permis, le 23 juillet 1801, la translation à la maison d'arrêt de Péra, d'une partie des prisonniers des Sept-Tours et de ceux de la mer Noire. Enfin, le 25 août 1801, le respectable chef de la nation française, après un emprisonnement de trois années, fut également rendu à la liberté et aux vœux ardens de ses compatriotes. Une garde d'honneur envoyée par la Porte fut chargée de l'escorter, et de le protéger dans la maison particulière qu'il occupait à Péra (1). Durant cinq à six jours, sa demeure ne cessa d'être remplie par la foule de Français et d'étrangers qui vinrent le féliciter. Aucune expression ne rendrait convenablement les sentimens qu'éprouvèrent nos compatriotes à la vue de leur vénérable Nestor. Les larmes de joie et d'attendrissement qui coulèrent dans ces instans de tous les yeux, devinrent pour M. Ruffin la plus douce comme la plus honorable récompense des maux qu'il avait soufferts ; la Porte même , qui avait d'abord hésité, autant par politique que par respect pour les anciennes coutumes, à donner

---

(1) L'ambassadeur d'Angleterre occupait encore le palais de France, que la Porte avait eu la faiblesse de lui livrer pendant la guerre. Peu de tems après, M. Ruffin en prit possession.

trop d'éclat à sa délivrance, fut vivement touchée
de ces marques multipliées et spontanées qu'il reçut
de la bienveillance publique. Les premiers objets de
la sollicitude de M. Ruffin, en sortant des Sept-Tours,
furent les Français qui étaient encore au bagne, ou
dans les forteresses de la mer Noire. Le lendemain
même de sa mise en liberté, il fit secourir et transporter à Péra, du château de Feneraki, où il gémis-
sait depuis trois ans, le savant et infortuné Beau-
champ, victime de traitemens injustes et cruels,
dont les sciences et l'état eurent bientôt à déplorer la
perte (1). Tous les prisonniers furent successivement
ramenés en France par des bâtimens parlementaires
russes. Le gouvernement ottoman s'était empressé de
rendre scrupuleusement tous ceux qui étaient en son
pouvoir ; mais plusieurs de ces captifs, soustraits aux
recherches de l'autorité par le fanatisme ou l'avidité
de quelques musulmans, étaient encore retenus ou
cachés dans des maisons particulières : le zèle de
M. Ruffin sut les découvrir et les faire mettre en
liberté.

De tems immémorial, les ministres étrangers, enfermés aux Sept-Tours, ne sortirent de cette prison
d'état que pour être immédiatement renvoyés dans
leur pays. L'usage ne leur permettait point de rester
à Constantinople comme simples particuliers, et en-

---

(1) Il mourut à Paris en octobre 1801, au moment où le gouvernement venait de le nommer commissaire-général des relations commerciales à Livourne.

core moins d'y déployer un caractère public. Le mérite personnel de M. Ruffin, l'estime que les Turcs
en général n'avaient jamais cessé de lui porter, la
droiture et la noblesse de son ame, incapable du
moindre ressentiment, purent seuls déterminer en sa
faveur une exception conforme aux désirs et aux intérêts des deux puissances. Dans le désordre résultant
en outre de cette guerre de trois années qui avait entièrement bouleversé les affaires des Français en Turquie, M. Ruffin, par la confiance qu'inspiraient son
caractère conciliant et la connaissance spéciale qu'il
avait du pays, des hommes et des choses, était le seul
médiateur qui pût réparer le mal, et faciliter les
négociations qui allaient conduire au grand œuvre de
la paix. Ce furent donc ces motifs, auxquels se joignit
celui de la reconnaissance nationale, qui déterminèrent
le gouvernement français, d'accord avec la Porte, à
le rétablir dans toute la plénitude de ses prérogatives
diplomatiques.

Sans nous attacher à suivre M. Ruffin dans l'im-
mensité des travaux politiques où l'appelait sa nouvelle mission, nous nous bornerons à dire qu'il parvint, par ses talens et son zèle infatigable, à faire rentrer la France dans la jouissance de tous les droits et
priviléges que les anciennes capitulations lui avaient
assurés. Ses démarches et ses négociations à la Porte
hâtèrent le départ pour Paris de l'ambassadeur Ga-
lib-Effendi, plénipotentiaire chargé de pouvoirs illi-
mités, autorisé à conclure la paix sans être obligé
de consulter de nouveau son gouvernement.

Les églises et le clergé catholique que les malheurs
de la guerre avaient obligé de recourir à des protections étrangères, vinrent également se replacer sous l'é-
gide tutélaire de la France. Les catholiques des échelles
du Levant, et notamment ceux de Smyrne, n'oublie-
ront jamais les services importans rendus par M. Ruffin aux maisons religieuses de cette ville. Ce fut encore à son intervention que la paroisse de St.-Poly-
carpe et le couvent des Capucins durent l'émanation
d'un firman solennel en réparation des insultes et des
outrages commis durant les années précédentes. Des
combinaisons d'un ordre supérieur et les méditations
de la politique n'empêchèrent pas M. Ruffin de s'occuper avec sollicitude des intérêts des particuliers. La
devise qu'il avait adoptée depuis quarante ans était celle
des chevaliers hospitaliers de St.-Jean de Jérusalem.

L'alte non temo, l'umile non sdegno.

Autant qu'il dépendit de lui et de ses réclamations
multipliées, les propriétaires des immeubles et objets
de toute nature séquestrés pendant la guerre, récu-
pérèrent la majeure partie de leurs biens, ou du moins
obtinrent plus tard de la Porte des dédommagemens
qui, s'ils ne furent pas toujours proportionnés aux
pertes, prouvèrent toutefois, après un bouleversement
général, la bonne volonté et les talens du négociateur.

Il semblait que, de leur côté, les ministres ottomans
voulussent, par les témoignages personnels les plus
flatteurs, lui faire oublier la rigueur de sa captivité.

Jamais représentant d'une nation européenne ne fut traité avec plus de distinction. Dans une visite qu'il fit à Atif-Bey, alors kiaïa-bey (ce même substitut du grand-visir, qui, quelques années auparavant, avait prononcé son arrêt de réclusion), ce seigneur se leva à son entrée, et dit à haute voix que M. Ruffin devait être considéré à l'avenir comme *l'un des ministres de la sublime Porte.* A ce compliment, que jamais Turc autrefois n'aurait osé proférer, M. Ruffin répondit qu'en fait d'ancienneté et de pureté d'intention, il ne le cédait à aucun des membres du divan. Introduit ensuite auprès du grand-visir Jousouf-Pacha, il en fut comblé d'égards, de marques de bienveillance et de magnifiques présens. Comme M. Ruffin le félicitait sur sa brillante santé, le visir ayant répliqué qu'il n'avait jamais connu de fatigues dans le service de son souverain, le chargé d'affaires crut devoir renchérir sur cette expression orientale de dévouement, en affirmant qu'il savait par expérience que les souffrances pour la patrie *n'étaient que des roses.*

Jousouf-Pacha, vaincu par la valeur héroïque de nos troupes à la mémorable bataille d'Héliopolis, n'avait conservé que des sentimens d'admiration pour les Français. Dans le cours de sa conversation avec M. Ruffin, il s'informa de plusieurs officiers de l'armée qu'il estimait particulièrement, s'étendit beaucoup sur la fidélité et l'honneur de la nation. « En gé-
» néral, dit-il, les Français font bien toutce qu'ils en-
» treprennent, se battent avec valeur, et *n'oublient*
» *que l'inimitié.* »

Quelques jours après, M. Ruffin fut reçu du capitan-pacha. On l'introduisit dans une salle d'audience dont le riche ameublement éclipsait les plus beaux vêtemens. Il vit bientôt paraître le grand-amiral Hussein-Pacha, qui portait jusqu'à l'enthousiasme son attachement et son admiration pour les Français (1). L'entretien fut des plus touchans. « Nous sentîmes tous deux, » écrivit dans la suite M. Ruffin, une telle émotion, » que nous restâmes quelques tems à nous considérer » sans pouvoir nous parler. Assis à côté l'un de » l'autre et nous tenant par les mains, l'amiral fut le » premier à observer qu'il y avait près de quatre ans » que nous nous étions vus pour la dernière fois, et » depuis lors, que de choses s'étaient passées !... »

...... Sans entrer dans les détails de cette conversation, nous nous bornerons à dire que le chef des eunuques s'étant fait annoncer, et ce personnage ré-

---

(1) Gazi-Hussein-Pacha était le frère de lait, l'ami, le compagnon d'enfance et le beau-frère du sultan Sélim. Ce prince perdit en lui le plus dévoué et le plus fidèle de ses serviteurs. La prédilection marquée de Hussein-Pacha pour les Français avait pris sa source dans le puissant secours que lui avait donné M. de Venelle, commandant la frégate *la Modeste*, pour détruire la flottille du corsaire russe Lambro, à Zéa, et dans l'habileté des constructeurs français, qui ont été en possession, depuis plusieurs années, de fournir la marine ottomane de ses plus beaux vaisseaux. Hussein mourut le 7 décembre 1803, dans son palais, à Constantinople, à la suite d'une pulmonie dont il était affecté depuis plusieurs années. M. Ruffin considérait la mort de cet amiral comme une perte irréparable pour l'empire ottoman, pour la France et pour lui-même.

véré de tous les grands de la Porte, n'étant point dans l'usage d'attendre chez aucun d'eux, M. Ruffin s'était levé pour ne point mettre le capitan-pacha dans l'embarras ; mais ce dernier le fit rasseoir, et l'invita à fumer encore une pipe, se bornant à ordonner à Ishac-bey, l'un de ses premiers officiers, de recevoir dans un autre appartement le kizlar-aga, et de lui faire les honneurs usités.

Les personnes qui connaissent les Turcs, leurs préjugés religieux et la réserve qu'ils apportent dans leur cérémonial avec les ministres des puissances européennes, sentiront combien ces procédés de leur part prouvaient d'estime et d'affection pour M. Ruffin.

Enfin, la paix tant désirée entre la France et la Porte-Ottomane, fut conclue et signée à Paris le 25 juin 1802. Ce traité ne tarda pas à être ratifié par la sublime Porte. Peu de tems après, le ministre des relations extérieures adressa des félicitations à M. Ruffin, et se fit un plaisir de reconnaître que, « c'était lui qui, par son zèle infatigable, ses négocia- » tions à la Porte, et son excellente correspondance, » avait essentiellement contribué à l'heureux événe- » ment de l'entier rapprochement des deux puis- » sances, et du rétablissement complet des relations » d'amitié et de bonne intelligence qui, durant trois » siècles, ont été une source de prospérité et d'avan- » tages pour les deux états.

Les ministres ottomans, en apprenant que le général Brune venait d'être nommé, le 8 septembre 1802, ambassadeur auprès de la sublime Porte, exprimèrent à M. Ruffin le désir qu'ils éprouvaient que cette circonstance ne l'éloignât pas de l'ambassade. Quelques flatteurs que fussent pour lui ces témoignages de bienveillance et d'estime, ils ne pouvaient être conformes aux vues de M. Ruffin. Après huit années de travail, de fatigues et de souffrances, il éprouvait un véritable besoin de repos. Aussi, dès l'arrivée à Constantinople du nouvel ambassadeur, le 6 janvier 1803, il sollicita vivement un congé pour retourner en France. Le crédit et la considération dont jouissait M. Ruffin auprès du gouvernement turc, devaient frapper d'étonnement le général Brune. Ce dernier, entraîné un instant par des suggestions étrangères au fond de son caractère, en prit de l'ombrage, et, voulant éloigner l'ancien chargé d'affaires, il demanda pour lui au gouvernement français un *otium cum dignitate*. Cependant, le général se trouvant pour la première fois au milieu d'un peuple dont les mœurs et la politique diffèrent essentiellement de celles des autres nations européennes, ne tarda pas à s'apercevoir du besoin qu'il aurait des conseils et de l'expérience de M. Ruffin. Abjurant noblement toutes ses préventions, il joignit bientôt ses instances à celles du ministère français et des commissaires ottomans, pour le déterminer à accepter le titre de président de la commission des indemnités. Si M. Ruffin ne voulut point d'abord se charger d'une responsabilité qu'il croyait au-dessus de ses forces, et refusa la présidence, il n'en seconda pas moins la commission, en donnant tous les renseignemens et les conseils qu'elle pouvait attendre de son zèle et de ses connaissances locales. De plus, surmontant le besoin de se reposer de ses longues veilles et de ses souffrances, et n'écoutant que l'intérêt de ses compatriotes, il consentit à se rendre aux conférences qui eurent lieu chez le kiaïa-bey, Aly-Effendi et Ibrahim-Effendi, commissaires de la sublime Porte pour ces négociations.

A l'exception des dépôts de chancellerie, la plus grande partie des biens enlevés aux Français par le fait de la guerre, leur fut restituée. Les réclamations de la France s'élevaient à 11,073,470 piastres turques.

Vers cette époque, il était aussi question de nommer M. Ruffin consul général du commerce à Constantinople; mais il fut le premier à faire sentir au gouvernement français l'inconvenance et l'inutilité de cette place.

En mai 1803, l'ambassadeur voulant obtenir, du capitan-pacha, un allégement aux contributions énormes qui pesaient sur les catholiques de l'île de Naxie, M. Ruffin fut encore chargé de cette mission. L'amitié que l'amiral portait à l'ancien chargé d'affaires, et les instances de ce dernier en faveur des malheureux insulaires, mirent Hussein dans l'impossibilité de refuser ce qu'on lui demandait. Cependant l'espoir de retrouver les forces et la santé qui lui manquaient avait déterminé M. Ruffin à s'établir pour quelques tems dans le village de Belgrade, à quatre lieues de Constantinople. Il attendait depuis plusieurs mois dans cette solitude le congé qu'il avait demandé au ministre des relations extérieures; mais il était de sa destinée d'user sa vie tout entière au service de son pays en Turquie, sans que le bonheur de revoir jamais la France lui fût réservé. De nouvelles sollicitations de l'ambassadeur vinrent bientôt l'arracher au repos dont il jouissait. A force d'instances, ce dernier parvint à lui faire accepter le titre de commissaire pour l'exécution des articles 6 et 7 du traité de Paris sur les indemnités, articles dont la sublime Porte avait jusqu'alors éludé l'exécution. Il ne s'agissait plus que de la restitution des dépôts de chancellerie : quelque pénible et fatigant que fût ce nouveau travail, la manière dont il s'en acquitta, au détriment même de sa santé, justifia dans cette occasion, comme dans les précédentes, la confiance dont l'avait honoré le gouvernement.

Napoléon, voulant en même tems récompenser M. Ruffin et le fixer à Constantinople, où sa présence était si nécessaire, le nomma conseiller d'ambassade, le 5 août 1804, et peu de tems après chevalier de la Légion-d'Honneur. Cependant, le général Brune, n'ayant pu déterminer la sublime Porte à donner à Napoléon les titres de padichah et d'imperator, avait quitté Constantinople le 12 décembre 1804, et accrédité comme chargé d'affaires M. Parendier, son premier secrétaire d'ambassade (1). Pendant la gestion

____

(1) C'est de cette époque que datent nos dernières relations avec la Perse. Le maréchal Brune était sur le point de partir en poste lorsqu'un inconnu, en costume arménien très-négligé, lui présenta une dépêche d'une forme singulière, que le maréchal remit à M. Ruffin. Cet écrit, qui était une lettre de Feth-Ali-Chah au chef du gouver-

de ce dernier, M. Ruffin n'en continua pas moins une partie des négociations avec le divan et correspondit de son côté avec le gouvernement. Le 24 septembre 1805, M. Parendier fut rappelé, et M. Ruffin nommé, pour la troisième fois, chargé d'affaires. Le changement heureux survenu dans les conseils du grand-seigneur, auquel son zèle éclairé avait considérablement contribué, tel fut le motif qni détermina le gouvernement français à donner à M. Ruffin cette nouvelle marque de la confiance qu'il ne cessait de mettre dans ses talens, aussi bien que dans sa prudence et son dévouement.

Il semblait qu'il ne fût destiné à gérer les affaires que dans les conjonctures les plus critiques. Le 2 octobre 1805, des bruits de guerre lui donnèrent de nouvelles inquiétudes. La Russie avait momentanément repris la suprématie, et la Porte, influencée par cette dernière, voulut imposer au commerce français un nouveau tarif, qui nous aurait été moins favorable que celui dont jouissaient les Russes et les Anglais. M. Ruffin trouva le moyen d'éluder et d'ajourner indéfiniment cette proposition. Les négocians français à Galata avaient déjà pris des protections étrangères ; ceux des Échelles étaient vivement alarmés ; mais M. Ruffin leur prêchait d'exemple et faisait bonne

nement français, et qui fut traduite et envoyée à Paris par M. Ruffin, suffit pour donner naissance aux négociations entre la France et la Perse, lesquelles amenèrent ensuite le traité de 1808 entre les deux puissances.

contenance ; enfin ces nuages se dissipèrent. Le 10 janvier 1806 , il obtint que la sublime Porte reconnût le chef du gouvernement français comme imperator et *padichah*. Nous avons vu plus haut que le général Brune avait échoué dans cette négociation. La justice de M. Ruffin lui fit un devoir d'attribuer une partie des succès qu'il obtint dans cette circonstance aux talens et à l'habileté des frères Franchini (1) , pour lesquels il sollicita des récompenses.

Les négociations qui eurent lieu à cette époque pour l'expédition de Muhib Effendi, nouvel ambassadeur de la sublime Porte à Paris , mirent M. Ruffin dans le cas de présenter des notes qui furent communiquées au grand-seigneur. Sa Hautesse, en comparant le style , l'écriture et l'âge du rédacteur, reconnut en effet, dans l'auteur de ces pièces , l'intermédiaire qui avait traduit sa correspondance particulière avec Loius XVI lorsque lui, sultan Sélim , n'était encore que chehzadeh ou prince royal , enfermé dans le Cafès (2). Cette circonstance, sur laquelle M. Ruffin avait gardé le secret le plus inviolable jusqu'alors , le mit encore plus en faveur dans l'esprit du sultan , qui se le fit présenter.

Dans le mois de mai 1806, M. Ruffin eut à lutter contre de nouvelles persécutions et des avanies aux quelles des officiers de la Porte voulaient soumettre les

---

(1) Les deux premiers interprètes de la légation.

(2) Bâtiment qui sert à la réclusion des sultans déposés, et des princes destinés au trône.

barataires , les fermanlis (1), et même les Européens qui avaient des boutiques à Péra. On prétendait faire revivre les anciens réglemens qui leur défendaient d'avoir des propriétés immeubles. Il fut aussi obligé de prendre, pour la seconde fois, les intérêts des catholiques de Naxie qu'on avait soumis à de nouvelles exactions. Pendant que M. Ruffin éprouvait toutes ces difficultés, les Turcs apprirent avec peine la prise de possession de Raguse, république qui, depuis des siècles, vivait heureuse et presqu'indépendante sous leur protection (2). Il fallut encore que M. Ruffin (chose assez difficile) fît entendre aux Musulmans que cette occupation militaire n'avait lieu que pour leur plus grand avantage. Il rédigea une note sous le titre vague de *Réflexions simples et amicales*, qui produisit sur l'esprit de Sa Hautesse tout l'effet d'un *calmant*. Peu de jours après, le grand-seigneur ordonna aux membres du divan de ne point varier dans la marche amicale que l'on tenait envers les Français.

Depuis une année révolue que M. Ruffin était pour la troisième fois à la tête de la légation, les changemens les plus favorables aux Français s'é-

---

(1) Sujets tributaires du grand-seigneur qui , en qualité d'interprètes et en vertu d'un brevet ou *barat*, accordé par la Porte aux légations étrangères, jouissaient des mêmes priviléges et immunités que les Européens.

(2) Raguse n'était assujettie qu'à un tribut de 12,500 ducats (28,125 piastres) qu'elle envoyait tous les trois ans à Constantinople, avec quatre bassins de vermeil.

taient opérés dans le ministère ottoman. Par l'effet de son influence, le divan était aussi bien composé qu'on pouvait le désirer. La légation avait également réussi à établir des rapports avec quelques-unes des premières familles grecques dévouées à la France, telles que celles des Souzzo, des Callimachi et des Khandjarli. Tous les immeubles réclamés par les Français avaient été restitués, à l'exception d'un seul à Smyrne ; en un mot, l'ordre était rétabli dans les affaires. Ce fut dans ces circonstances qu'on apprit à Constantinople la nomination à l'ambassade du général Sébastiani, le même qui, lorsqu'il n'était que colonel, fut chargé, en 1802, de porter à la ratification du divan le traité qui suivit l'expédition de l'Égypte. M. Ruffin obtint de la Porte que le sipahiler Agassi, commandant général de la cavalerie de l'empire, fût envoyé au-devant de l'ambassadeur, en qualité de mihmandar.

Le général étant arrivé, le 10 août 1806, à Constantinople, M. Ruffin quitta le palais de France et se retira dans sa demeure à Péra. Depuis dix-huit mois qu'il s'était trouvé à la tête de la commission des indemnités et de la légation, la plume ne lui était jamais tombée des mains. Il avait dû tout oublier pour ne songer qu'aux affaires publiques, et quelles affaires !.... Comment les avait-il trouvées, et comment les avait-il remises? Tout le monde le savait; Français et étrangers, amis et ennemis, chacun l'en félicitait ; lui-même, dans sa conscience, ne pouvait que se rendre un bon témoignage de ses efforts et de leurs heureux

résultats ; mais c'était là toute sa consolation. Après quatre années d'une gérance marquante par ses malheurs, ses souffrances, ses peines et ses succès, il n'était que le premier employé subalterne de la légation, traducteur de toutes les pièces de service, sans aucun avancement ni dans la Légion-d'Honneur, ni dans la carrière diplomatique, ni dans la partie honorifique et titulaire de l'état. Cependant, la considération personnelle dont il jouissait à la Porte croissait de jour en jour. M. Ruffin n'avait qu'à se louer des ministres turcs et de Sa Hautesse elle-même. Son nom était dans toutes les bouches. « Il s'en faut de beau-
» coup, disait en 1806 le plus modeste de tous les
» hommes, que je sois à la hauteur de cette renom-
» mée : s'il y a quelque chose de bien fait, on me
» l'attribue ; arrive-t-il un mal-entendu, c'est parce
» que je n'ai pas été consulté ou écouté. Cependant,
» le plus souvent je ne me mêle de rien ; je ne sors
» pas ; je n'entends presque plus. Peu importe, le
» père Ruffin, disent les Turcs, est un homme vrai,
» juste, désintéressé ; il sait mieux le turc que nous ;
» son expérience est consommée. En un mot, je suis
» *le Médecin malgré lui.* »

Quant aux ministres étrangers, ceux même avec lesquels il avait dû lutter, ont constamment parlé avec ménagement de sa personne dans leurs relations officielles, et avec estime dans leurs conversations privées. Dans les affaires mixtes, ils s'en rapportèrent toujours aux décisions de la chancellerie française, dont la sagesse et l'équité ont soutenu son antique réputation, grâces à la probité et aux talens de M. Adanson (1).

Au milieu de cette considération générale, M. Ruffin n'était pas heureux ; il soupirait plus que jamais après le bonheur de revoir la France, et désirait ardemment de quitter un pays où, depuis bien des années, il avait été employé comme chef toutes les fois qu'il y avait eu une détention aux Sept-Tours à subir ou à craindre, une activité pénible et douloureuse à soutenir, et comme subalterne et *translateur*, aussitôt que l'ambassade n'offrait plus qu'agrément, honneur et profit.

Vers cette époque, Constantinople éprouva une crise politique, qui faillit compromettre l'existence de cette capitale, et changer la face des affaires en Turquie. Quoique M. Ruffin ne se trouvât pas dans ce moment à la tête de la nation, il suffit qu'il fût sur les lieux, et attaché à la légation en qualité de *conseiller d'ambassade*, pour nous déterminer à parler ici d'un événement qui ajoute un souvenir de plus aux faits glorieux dont s'honore la nation, et sur les résultats duquel la sagesse des conseils de M. Ruffin n'est point restée étrangère.

L'Angleterre et la Russie n'ayant pu parvenir à faire renvoyer la légation française, ni à troubler les

---

(1) Alors chancelier, et depuis premier secrétaire de l'ambassade. M. Adanson est neveu du savant naturaliste de ce nom, qui, se trouvant au Sénégal de 1749 à 1753, fut sur le point d'entreprendre, avec une caravane, la traversée du désert pour se rendre à Tombouctou et à Agadès. Voyez son Voyage, 1 vol. in-4°. Paris, 1757.

rapports d'intimité qui venaient de s'établir entre le sultan Sélim et la France, M. Arbuthnot, ambassadeur d'Angleterre, s'était embarqué sur le vaisseau l'*Endymion*, le 29 janvier 1807, et avait quitté précipitamment Constantinople, après avoir menacé le divan de l'arrivée prochaine d'une flotte anglaise sous les murs de la capitale. Cette retraite, considérée par les Turcs comme une déclaration de guerre, les détermina à mettre un embargo sur les bâtimens anglais dans les ports ottomans, et à consigner les marchandises appartenant au commerce britannique.

Le 2 février, on apprit effectivement qu'une escadre anglaise avait forcé les Dardanelles et brûlé à Gallipoli plusieurs bâtimens de la flotte ottomane (1). Le 20, treize voiles ennemies étaient en vue de la capitale. Cette division, commandée par les amiraux Duckworth, Sidney Smyth et Louis, se composait de cinq vaisseaux de ligne, quatre frégates, trois corvettes et deux bombardes (2). A son apparition, l'effroi fut à son comble. Rien n'était disposé pour la résistance. L'ambassadeur de France pouvait penser que

----

(1) C'est depuis cette époque, qu'en vertu d'un khatti-chérif l'entrée des Dardanelles est interdite à tout armement européen.

(2) Cette escadre était formée des vaisseaux le *Royal George*, de 110 canons, monté par le vice-amiral Duckworth ; du *Windsor-Castle*, de 110 canons, monté par le contre-amiral Louis ; du *Canopus*, de 84 canons, monté par sir Sidney Smith ; du *Pompée*, de 84 canons, de l'*Actif*, du *Standart*, du *Thunderer* et du *Repulse*, de 74 canons, de l'*Endymion*, de 50, de trois frégates et de six brûlots et galiotes à bombes.

si la flotte anglaise arrivait sous les murs du sérail, le grand-seigneur souscrirait à toutes les conditions qui lui seraient imposées, que la légation française serait renvoyée ou même mise aux Sept-Tours, si les Anglais l'exigeaient.

Cependant, cette escadre ayant mouillé aux îles des Princes, les ministres ottomans, frappés de stupeur, avaient déjà reçu plusieurs parlementaires de l'amiral Duckworth. Les Anglais demandaient que le grand-seigneur leur livrât quinze vaisseaux de ligne et autant de frégates avec des vivres pour six mois ; que des garnisons anglaises fussent reçues aux Dardanelles, à l'entrée du Bosphore et dans plusieurs ports de l'empire ; que l'alliance avec l'Angleterre et la Russie fût renouvelée ; enfin, le point sur lequel ils insistaient le plus était le renvoi immédiat de la légation française. Tout paraissait désespéré pour nos compatriotes, lorsque M. Ruffin, qui, depuis tant d'années, avait observé le cours des vents dans ces contrées, remarqua que celui du sud-ouest qui avait favorisé les Anglais jusqu'aux îles des Princes, ayant tout-à-coup passé au nord-ouest, l'ennemi qui avait différé de se présenter de suite devant le port lorsque le vent lui était favorable, allait se trouver retenu pour plusieurs jours à quatre lieues de la capitale. Le général-ambassadeur mit habilement cette circonstance à profit pour remonter le courage des Turcs, et leur fit voir le danger où ils exposaient l'empire ottoman en livrant leur flotte aux Anglais, et en adhérant à leurs autres demandes. Dès-lors, tout changea de face ; le sultan Sélim ordonna de défendre Constantinople, et de cesser immédiatement toute communication avec les Anglais. Tout ce qu'il y avait de Français à Péra et à Galata devint soldat. M. de Pontécoulant, le marquis d'Almenara, les officiers des ambassades de France et d'Espagne, les drogmans français et les jeunes de langues, tous furent se jeter dans les batteries. Les Turcs, électrisés par l'ambassadeur de France dont la présence se multipliait et animait partout les travaux, secondés par des officiers français d'artillerie et du génie (1), eurent bientôt fortifié les approches de la capitale. En moins de six jours, et comme par enchantement, la partie de Constantinople qui regarde la Propontide, la pointe du sérail, la tour de Léandre et les rivages de l'Asie, naguère dépourvus d'artillerie, ne présentèrent plus aux yeux étonnés de l'ennemi qu'une immense côte de fer. Durant cette crise, le sultan Sélim et tous les ministres ottomans déployèrent une activité étonnante. Les immenses travaux relatifs à la défense de Constantinople terminés (2), une partie des officiers français

---

(1) Par un concours de circonstances aussi heureuses qu'extraordinaires, ces officiers, venus en poste de la Dalmatie, arrivèrent à Constantinople le jour même de l'apparition des Anglais.

(2) Il existe de M. Barbié du Bocage une carte ou tableau de l'*arrivée de la flotte anglaise devant Constantinople, et du retour de cette même flotte*, gravée à Paris en 1807, où les mouvemens de l'escadre ennemie et les batteries élevées par les Français, sont indiqués avec exactitude.

se rendit à franc étrier aux Dardanelles pour relever les batteries que les Anglais avaient renversées en forçant le détroit. Informé de ces dispositions qui allaient rendre sa retraite impossible ou du moins désastreuse, l'ennemi qui, peu de jours auparavant, s'était présenté en vainqueur, ne songea plus désormais qu'à la fuite. Il leva précipitamment l'ancre, et se hasarda, le 2 mars, à franchir l'Hellespont.

Ce ne fut pas sans essuyer de dommages que les Anglais y parvinrent, quoiqu'on n'eût pas eu le tems de relever les batteries du fort d'Europe; leur flotte essuya tout le feu de celui d'Asie qui était bien servi. Un énorme boulet de marbre cassa le grand mât du *Windsor-Castle*, et deux corvettes échouèrent à la côte. Enfin, la flotte anglaise passa entre les deux nouveaux châteaux, dont elle essuya également le feu, et se retira en mauvais état à Ténédos. Ainsi l'Angleterre, pour tout fruit d'une expédition hasardeuse, n'eut que le regret d'avoir exaspéré les Turcs, et fourni à l'ambassadeur de France l'occasion de jouer un beau rôle, en consolidant son influence et son crédit à la Porte.

Le 11 avril suivant, M. Ruffin reçut, du sultan Sélim, l'ordre ottoman du Croissant. Peu de tems auparavant, le gouvernement français l'avait autorisé à porter celui du Soleil, qui lui avait été envoyé par le roi de Perse.

Le 9 août 1807, le général Sébastiani, sur le point de partir de Constantinople, proposa M. de Latour-Maubourg pour chargé d'affaires, et recommanda

M. Ruffin à la munificence du gouvernement. « Ce res-
» pectable vétéran de la diplomatie, disait-il, désire
» depuis long-tems rentrer dans sa patrie pour y termi-
» ner ses jours. Sa longue carrière de travail, de talens
» et de vertus lui donne droit à toutes les récompenses
» et à toutes les distinctions. » Mais, quelque pres-
sante que fût cette réclamation, elle n'en resta pas
moins sans réponse, ainsi qu'une autre de même nature, qui fut renouvelée l'année suivante par M. de
Latour-Maubourg.

En juin 1809, ce chargé d'affaires, dont on admira
le caractère, ayant refusé de remettre au gouvernement ottoman un individu emprisonné au palais de
France, et que les Anglais voulaient faire reconnaître
en qualité de chancelier de la république des Sept-
Iles, eut, avec la Porte, une violente altercation.
Cette dernière, moins irritée d'un refus qui, disait-
elle, blessait sa dignité, qu'influencée par une politique étrangère, fit prévenir M. de Latour-Maubourg
que toute communication entre elle et lui avait cessé.
Dès ce moment, la garde turque du palais de France
fut retirée. « Une rupture, dans cette circonstance,
paraissant inévitable, je voudrais, disait M. de Latour-Maubourg, faire partir M. Ruffin, et épargner
à ce respectable vieillard les dangers d'une seconde
captivité; mais je n'ai jamais pu réussir à vaincre son
respect pour les intentions du gouvernement qui a
paru désirer qu'il restât encore ici. »

En 1812, durant l'ambassade du général Andréossy,
M. Ruffin fut nommé officier de la Légion-d'Hon-

neur et plénipotentiaire pour un traité d'alliance entre la France et la Porte Ottomane.

La Providence, en 1814, ayant permis, pour le bonheur de la France et le repos de l'Europe, que Louis XVIII remontât au trône de ses pères, le Roi daigna se rappeler un ancien serviteur et nomma M. Ruffin son chargé d'affaires auprès du Grand-Seigneur, jusqu'à l'arrivée à Constantinople de M. le marquis de Rivière. M. Ruffin ne pouvait mieux couronner sa longue carrière qu'en la terminant, dans ses vieux jours, au service de ses princes légitimes. Mais si son cœur était toujours pénétré d'amour et d'attachement pour nos rois, son grand âge et l'affaiblissement de sa santé lui faisaient craindre avec raison de ne pouvoir supporter, comme il l'aurait désiré, le fardeau des affaires qui devaient se compliquer plus que jamais. Quoique les Turcs en général fussent toujours pénétrés de la même vénération pour sa personne, ses avantages et son influence, à la Porte, ne pouvaient plus être ce qu'ils étaient du vivant des nombreux et puissans amis qu'il avait eus sous le règne du sultan Sélim, et auxquels il avait survécu (1). Acca-

---

(1) Nous citerons entr'autres ministres ottomans liés avec M. Ruffin, Hadji-Ahmed, Vassif-Effendi, qu'il estimait particulièrement. Ce seigneur, après avoir occupé plusieurs places importantes sous les règnes de Moustapha III et d'Abd-ul-Hamid, fut nommé reïs-effendi (ministre des affaires étrangères), en 1805. Il était peu riche, mais considéré pour la pureté de ses mœurs et son amour pour les sciences. Vassif-Effendi passait en effet pour une des meilleures têtes de l'empire, possédant dans la perfection l'arabe, le turc et le persan ; il était poète dans ces trois

blé d'infirmités, et dans l'impossibilité physique d'à-
gir par lui-même, M. Ruffin attendait avec la plus
vive impatience l'arrivée de l'ambassadeur du Roi.
Depuis long-tems il avait obtenu qu'un mihmandar
(commissaire de la Porte) fût recevoir, conjointement avec deux interprètes de la légation, Son Ex-
cellence aux Dardanelles.

Telle était la position de M. Ruffin à Constantinople
lorsque la crise politique de 1815 vint le mettre dans la
situation la plus pénible où il se fût encore trouvé.
Atterré par les nouvelles alarmantes qui se répandirent
autour de lui ; privé, dans les instans les plus urgens,

---

langues. Le sultan Abdul-Hamid, en 1783, l'avait chargé, conjointement avec Khourchid-Mehemmed, effendi-beilikdji, président de la
chancellerie-d'état, du rétablissement de l'imprimerie turque. Mou-
radja d'Ohsson et Todérini parlent de lui avec éloge. A l'avénement
du sultan Sélim au trône, il fut exilé dans une des îles de l'Archipel,
sous prétexte qu'il aimait le vin ; mais le vrai motif de cette disgrâce
était la force de son caractère et sa franchise naturelle. Ayant été en
ambassade à Madrid pendant la mission de M. de Bouligny père à
Constantinople, il parlait volontiers de l'Espagne et des Espagnols.
Vassif-Effendi a écrit une relation de son ambassade, dont il avait
promis une copie à M. Ruffin. Il était également historiographe de
l'empire (Vakanuvis). C'est à lui qu'on doit les Annales turques depuis 1752 jusqu'au règne du sultan actuel. Malheureusement la partie
imprimée de cette histoire ottomane ne va que jusqu'à la paix de Caï-
nardji. La suite serait d'autant plus intéressante, si on pouvait la retrouver, qu'elle contient tout le règne du sultan Sélim, et les événe-
mens remarquables qui ont suivi la mort de ce prince infortuné (*).

(*) On peut apprécier le mérite de Vassif-Effendi comme historien, par la traduction
d'une partie de ses Annales, publiées en 1822 par M. Caussin de Perceval, professeur d'a-
rabe à l'École Spéciale des Langues Orientales. Cet ouvrage intéressant est intitulé : *Précis
historique de la guerre des Turcs contre les Russes, depuis l'année 1769 jusqu'à l'année
1774.* Un vol. in-8o.

de communication avec la mère-patrie, M. Ruffin ne fut pas toujours maître de résister à la violence d'un orage politique, qui bouleversa la France et l'Europe entière ; cependant la pureté de ses intentions ne fut pas long-tems révoquée en doute. La justice éclairée et bienveillante de M. l'ambassadeur du Roi comprit aisément quelle avait dû être, à la suite des plus violentes secousses politiques, la position d'un vieillard déjà affaibli par l'âge, presque entièrement privé de l'ouïe, et dans un état de santé qui le mettait dans l'impossibilité d'agir et de voir par lui-même. L'aspect seul de ce vénérable serviteur du Roi, cet air de vertu et de candeur répandu sur toute sa personne, auraient suffi pour dissiper des préventions, si la certitude de la pureté de ses sentimens ne les eût bientôt fait disparaître.

Quelqu'extraordinaires que fussent en effet les circonstances d'alors, M. Ruffin n'en conserva pas moins des droits à la confiance et à l'estime générales. Sur le témoignage et d'après la recommandation de M. le marquis de Rivière, S. M. daigna, en 1819, confirmer la faveur que son auguste frère Louis XVI avait accordée, avant la révolution, à M. Ruffin, en le décorant de l'ordre de Saint-Michel. Depuis, il a été réintégré, par ordonnance du Roi, dans ses anciennes fonctions de secrétaire-interprète de S. M. et de conseiller de l'ambassade de France, fonctions qu'il n'a cessé de remplir jusqu'à sa mort qui eut lieu le 19 janvier 1824. Sa fin fut plutôt le résultat d'un affaiblissement lent et gradué des facultés physiques que d'une maladie violente. M. Ruffin est mort comme il avait vécu, dans le sein d'une religion dont il avait constamment suivi les préceptes, et à laquelle l'exemple de ses mœurs irréprochables et de ses vertus toutes chrétiennes, devaient aisément faire des prosélytes.

Si les qualités éminentes de M. Ruffin, la durée et l'importance des services qu'il a rendus à son pays, lui assurent des droits à la reconnaissance de tous ses compatriotes, c'est surtout à ceux qui, comme nous, ont été assez heureux pour être admis, pendant plusieurs années, dans son intimité, et comblés de ses bontés, qu'il est donné, sinon d'exprimer convenablement, du moins de sentir toute l'étendue de la perte que nous avons faite. Puissent la vénération et la gratitude dont notre cœur a toujours été rempli pour sa personne, suppléer au défaut d'éloquence, dans un écrit où nous nous sommes uniquement proposé de dire ce qu'était M. Ruffin, et de rappeler le souvenir des nombreux et utiles travaux qui composent sa longue et honorable carrière!

Indépendamment de ses talens en diplomatie, jamais aucun Français n'a été plus versé que M. Ruffin dans la connaisance théorique et pratique de plusieurs langues de l'Europe et de celles de l'Orient, indispensables à la politique et au commerce. Il excellait surtout dans la traduction rapide et correcte du français en arabe, en turc et en persan. Des effendis instruits, de Constantinople, convinrent plus d'une fois qu'il parlait et écrivait leur langue avec autant de pureté et d'élégance qu'aucun d'eux. Il est à regretter que M. Ruffin, dont toute la vie fut consacrée aux affaires, n'ait pu laisser aucun monument littéraire ; nous savons cependant qu'il a travaillé, conjointement avec M. Kieffer, à la composition d'une grammaire et d'un dictionnaire turcs. Le seul imprimé qui existe de lui, est une *Adresse du Gouvernement*, traduite en arabe, très-rare aujourd'hui, et dont nous n'avons pu retrouver la date précise de la publication. Il a aussi fourni à une des personnes attachées à l'ambassade du général Andréossy, des documens fort intéressans sur l'histoire des Tartares (1).

Les ministres étrangers, informés à Constantinople de la mort de leur vénérable doyen, s'empressèrent de lui rendre les honneurs qui lui étaient dus. L'ambassade du Roi, suivie de tous les Français, les diverses légations étrangères, à la tête desquelles on remarquait le ministre de Prusse, l'archevêque Coresi, assisté de tout le clergé catholique, et suivi des livrées de France, d'Autriche, de Prusse, de Hollande, de Danemarck, et d'un concours nombreux des habitans de Péra, de toutes les nations, formèrent le cortége imposant qui, après avoir traversé lentement ce faubourg de Constantinople , déposa sa dépouille mortelle dans la chapelle de Saint-Louis (2). Après

____

(1) Un recueil vraiment précieux pour l'instruction à venir de nos interprètes dans l'Orient, serait un choix fait convenablement des nombreux textes, versions et traductions de toutes les pièces diplomatiques, commerciales et autres, traduites par M. Ruffin, et dont les originaux se trouvent dans les archives de l'ambassade de Constantinople, et du département des affaires étrangères à Paris.

(2) *Moniteur* du 1er mars 1824.

la messe, M. l'abbé Bricet, supérieur des Missions
étrangères, lut sur sa tombe un discours dont l'éloquence réunit tous les suffrages, et dont le texte
était ces paroles de l'Écriture : *Adolescens juxta viam
suam, etiam cum senuerit non recedet ab eâ.*

Tel fut en effet toute sa vie le caractère invariable
de l'homme de bien dont nous avons essayé de rappeler les vertus et les services rendus à la patrie, de
celui auquel des écrivains distingués, inspirés par la
gratitude et l'admiration, ont décerné les titres
d'Aristide et de Nestor de l'Orient; du protecteur
zélé, qui fut toujours pour cette jeunesse française
destinée aux emplois du Levant, le modèle, le père
et l'ami le plus sincère ; du sage pour lequel le voya-
geur, parvenu sur les rives du Bosphore, visitera
long-tems une prison qu'il a rendue à jamais célèbre
par l'exemple d'une fermeté inébranlable, et d'une
constance courageuse, luttant contre l'infortune ; de
celui enfin dont la droiture, le savoir et l'habileté
furent, pendant plus d'un demi-siècle, le guide res-
pecté, et l'ame de notre diplomatie dans l'Orient.

BIANCHI.

www.ingramcontent.com/pod-product-compliance
Ingram Content Group UK Ltd.
Pitfield, Milton Keynes, MK11 3LW, UK
UKHW021123140726
13695UKWH00004B/1680